AF245800

RÉFUTATION

DU DISCOURS DE M. ROY

A LA CHAMBRE DES PAIRS,

SUR

LA RÉDUCTION DES RENTES.

Par H. G. DELORME, du cher.

Vous êtes orfèvre, M. Josse?
(Ancienne Comédie.)

A PARIS,

CHEZ Anth^e. BOUCHER, IMPRIMEUR-LIBRAIRE,
RUE DES BONS-ENFANS, n°. 34,
ET CHEZ DELAUNAY, LIBRAIRE, AU PALAIS-ROYAL.

1824.

RÉFUTATION

DU DISCOURS DE M. ROY

A LA CHAMBRE DES PAIRS,

SUR

LA RÉDUCTION DES RENTES.

Sɪ cette mesure pouvait être considérée avec le calme qu'on apporte ordinairement aux discussions qui ne nous intéressent que très imparfaitement; si un parti ne trouvait aussi dans cette discussion un moyen de se rendre important, en faisant retentir nos tribunes publiques de ces grands mots qui flattent la multitude en l'égarant, je doute que le système de la réduction de la rente eût produit des oppositions raisonnées plus difficiles à combattre que toute mesure de finances ordinaire. Mais les uns, capitalistes ou intéressés à la rente, combattent pour eux-mêmes; d'autres, pour entraver la marche du gouvernement, embrouillent la question; d'autres enfin, fidèles à leur système d'opposition, la combattent avec l'acharnement de l'esprit de parti.

Au milieu de ces débats, l'homme impartial appelé à donner son vote, s'il n'a pas une opinion déterminée par des connaissances positives en économie politique, se trouve placé dans une incertitude qu'il ne peut faire cesser qu'en accordant toute sa confiance au ministre, qui, ne devant avoir pour motif que l'intérêt public, a eu le courage de présenter cette réduction, au risque de compromettre sa popularité personnelle.

De tous les discours de l'opposition, celui qui a dû faire le plus d'effet, est, sans contredit, celui de l'ex-ministre de nos finances, M. Roy. Il est empreint d'une modération si adroite, ses citations sont si spécieuses, ses craintes sont si fondées *en apparence !* la confiance qu'on accorde, avec quelque raison, à celui qui ayant été lui-même administrateur, doit être considéré comme un meilleur appréciateur d'une telle mesure; tous ces motifs, dis-je, ont dû capter d'une manière toute particulière l'attention de la Chambre dont il fait partie. Cependant, en analysant ce discours, on reconnaît, sans beaucoup de travail, que cet orateur est en contradiction perpétuelle avec lui-même, et qu'il pose des questions bénévoles pour en tirer des conséquences utiles à soutenir son opinion. C'est ce qui ne saurait être difficile à démontrer pour ceux qui ont le désir sincère de connaître la vérité.

Il reproche au ministre *de se faire autoriser im-*

plicitement à un emprunt indéfini, sans publicité, sans concurrence. Nous ne voyons cependant rien dans la loi qui donne une telle extension à l'administration. Il est bien reconnu, au contraire, qu'il y a eu une grande publicité, puisque tous les banquiers de l'Europe en ont été instruits. Quant à la concurrence, elle ne peut exister réellement, puisque pour une mesure telle que M. Roy *prétend que l'imagination en est effrayée*, on ne peut que conclure, d'après *son expression même*, que la réunion de toutes les grandes maisons de banque européennes était indispensable pour assurer son exécution. Et si elles sont réunies, quels sont donc les concurrens que le ministre pourrait appeler pour obtenir des conditions plus avantageuses, en donnant en même temps des garanties qui en assurent l'exécution. Ainsi donc, cette affaire a dû et n'a pu se traiter que de confiance par le ministre seul capable d'apprécier à sa juste valeur le mérite financier des soumissionnaires. Quelle que puisse être une volonté d'opposition, il est néanmoins des faits si positifs, qu'on ne peut les contredire sans s'exposer à perdre toute la confiance de ses auditeurs. Aussi M. l'ex-ministre accorde-t-il au projet un mérite *incontestable*, mérite qui est *toute la base du projet, que le gouvernement a incontestablement le droit du remboursement. Que l'État ne peut être contraint à payer 5 pour cent, quand il trouve à emprunter à 4 pour cent. Il ajoute même qu'il est*

au contraire de son devoir de proposer aux por-
teurs de ses rentes la conversion de leurs titres en
des titres d'un intérêt inférieur.

Après un tel aveu, qui ferait seul tout le mérite
de la mesure, qui en prouve jusqu'à l'évidence
la nécessité, comment peut-il se faire que sans
subtilité, le même orateur veuille nous persuader
que cette réduction ne devrait pas se faire ? Suivons
ses raisonnemens, et voyons les motifs concluans
qui le déterminent à changer si promptement d'o-
pinion. Il dit :

Les conditions nécessaires pour que la réduction
de l'intérêt de la rente soit équitable, seraient que
l'intérêt de l'argent en France fût en général au
taux de la réduction des rentes. Il n'en est rien,
puisque l'argent est à 5 et à 6 pour 0/0. En ce
cas, et avec plus de franchise, il vaudrait mieux
nous dire positivement, la réduction est une mesure
qu'on ne doit jamais présenter; au moins l'orateur
ne serait pas en contradiction avec lui-même; car
il est reconnu par tous les économistes, que les
particuliers n'obtiennent des capitaux qu'à un
taux plus élevé que l'Etat, à moins que ce ne soit
dans des momens d'orages politiques. Alors la
conséquence naturelle est, que si le Gouvernement
maintient sa rente à 5 pour 0/0, les particuliers
n'auront de capitaux qu'à 6 et 7 pour 0/0, et que
ce serait en vain qu'on attendrait un avenir plus
prospère; car l'objection qu'on nous présente

aujourd'hui serait la même en tous les temps, *le taux de l'intérêt n'étant pas en France à 4 pour 0⁄0, vous ne pouvez réduire votre rente à 4 pour 0⁄0.* C'est positivement parce que l'intérêt est en France à un taux disproportionné avec les produits de l'agriculture et des manufactures, que M. le Comte de Villèle a pris une détermination utile à toute la société, en décidant les banquiers européens à transporter sur Paris des capitaux en suffisante quantité, pour déterminer la baisse de l'intérêt à 4 pour 0⁄0, et par cette opération, en procurer au commerce et à l'agriculture à 5 pour 0⁄0. Serait-ce que ces opérations avec des banquiers étrangers ne pourraient être considérées comme raisonnables, que quand elles leur offraient des bénéfices de 40 pour 0⁄0, avec des intérêts à 10 pour 0⁄0, ainsi qu'ont eu lieu les premiers emprunts? Et pourquoi alors ne se récriait-on pas sur le danger de se servir de ces commissionnaires d'espèces? Parce qu'alors, comme aujourd'hui, le Gouvernement était dans la nécessité d'employer leur crédit pour obtenir celui des capitalistes anglais et hollandais. Que fait donc de nouveau le ministre actuel, que n'aient fait tous les ministres qui l'ont précédé, même M. Roy? Il prend, il adopte un système qui ne sacrifie pas les intérêts généraux à quelques intérêts particuliers; enfin il associe tous les Français aux mêmes charges, comme ils sont associés aux mêmes avantages du pays. Mais est-il bien vrai, et peut-on soutenir avec vérité, que la rente ne peut être réduite à 4 pour 0/0 ? Je dis avec vérité, car il m'est bien démontré que le doute même serait une absurdité, s'il n'était la preuve de la plus insigne mauvaise foi.

N'est-il pas positif que les banquiers seront possesseurs de nos rentes à 4 pour 0/0, si dans un délai très rapproché les rentiers ne consentent eux-mêmes la conversion des leurs ?

Et comment peut-on soutenir que la mesure est impossible, puisque cette opération sera consommée presque immédiatement après son adoption par la chambre des pairs ?

Mais, dites-vous, elle est intempestive, parce que l'intérêt en France est à 5 et 6, et j'ajouterai même à 7 pour 0/0. Rien n'est plus positif que dans les départemens l'argent y est tellement rare, que l'intérêt est trop élevé ; mais, à Paris, il est aussi positif qu'il est à 4 pour 0/0. Voyez les actions de la banque à 2005 fr. pour 84 fr. de dividende, vos placemens sur votre Mont-de-Piété, vos dépôts à la caisse de service, et quelles que soient vos arguties pour nous démontrer que ces faits ne prouvent rien, il nous est démontré au contraire que le numéraire est à 4 pour 0/0 à Paris, et qu'en suivant les bases mêmes de votre système de défense, la mesure doit être adoptée.

Pour prouver plus positivement combien la mesure aura d'utilité pour l'agriculture et le com merce, il ne faut que combiner comment les banquiers peuvent l'opérer.

Ce ne peut être qu'en transportant sur notre place cinq à six cent millions ; cette masse de numéraire en déplacera une partie à-peu-près égale qui se casera à un taux plus élevé, sur les propriétaires et les manufacturiers, que dans la rente ; et en se reportant dans les départemens, d'où les capitaux n'auraient jamais dû sortir, deviendront plus communs, et baisseront dans une proportion plus convenable aux intérêts généraux.

Mais puisqu'il est vrai, selon vous, que l'intérêt en France est à 5 et 6 pour cent, quel est donc le motif raisonnable, en faveur des petits rentiers, pour qu'on puisse s'appitoyer sur la réduction qu'ils éprouveront, s'ils persistent à rester dans la rente, au lieu de recevoir les capitaux qui leur sont offerts ? Et quel motif auraient-ils donc eux-mêmes de se plaindre, avec quelque justice, du gouvernement, qui leur rend des capitaux plus considérables que ceux qu'ils ont placés sur l'État ? Serait-ce que de vaines clameurs, dont on fait une espèce d'épouvantail, pourraient avoir de l'influence sur une Chambre des Pairs ? Serait-il croyable que la Chambre destinée, par sa nature héréditaire, à devenir une pépinière d'hommes d'Etat, puisse se laisser intimider par le froissement de quelques intérêts particuliers en opposition aux intérêts généraux ? Il est impossible de le craindre, et cependant on porte la prévoyance de l'attaque jusqu'au pathétique, afin de décider les âmes pusillanimes à se réunir aux opposans de la réduction des rentes. De contradiction en contradiction, nous arrivons à cette citation du discours de l'ex-Ministre : *en 1819, le revenu des Etats-Unis était tombé de 36 millions de dollars à 17 millions. On proposa de réduire l'intérêt de la dette nationale, ce qui fut rejeté avec indignation.*

Quel rapport peut donc trouver M. Roy entre cette proposition de réduction et la mesure projetée en ce moment? Bien certainement ceux qui n'avaient pas le moyen d'acquitter les intérêts, étaient bien moins encore dans la possibilité de rembourser le capital ; et certes il ne peut donc y avoir aucune parité, puisqu'on rembourse les rentiers qui ne voudraient pas consentir la réduction. Je rappellerai donc sa juste exclamation sur le mode de remboursement effectué en l'an VI, sur lequel il dit : *à Dieu ne plaise que je veuille le comparer à celui proposé aujourd'hui,* et il ne trouvera pas mauvais que je pense que cette exclamation, par les mêmes motifs, doit servir de correctif à cette citation si hors de propos de la diminution des intérêts proposée et rejetée avec raison par le congrès américain.

L'abondance des capitaux ne peut se produire que par le temps, par le travail, par l'épargne et par leurs accumulations. Je me permettrai d'ajouter que cette abondance peut se produire encore par des institutions de banque qui multiplient les moyens d'échange; qu'elle peut aussi avoir lieu par le transport des capitaux des pays où ces banques, suppléant en partie au numéraire, en ont une quantité plus considérable que les besoins de la société ne l'exigent; qu'en ce cas il est de l'intérêt de ces pays de laisser porter en d'autres lieux ces capitaux, afin d'en retirer un produit plus fort que celui qu'il procurerait dans ces mêmes pays.

C'est positivement pour faire profiter la France de l'avantage du bas prix des intérêts, que M. le comte de Villèle a appelé les capitaux étrangers, et qu'avec leurs moyens, la réduction est possible.

Jamais l'Angleterre ne livre ses rentes à des banquiers étrangers; il serait tout aussi vrai de dire que jamais les banquiers étrangers n'ont eu la possibilité, ni la prétention de porter des capitaux des lieux où ils étaient rares et chers, sur les places où ils étaient à bas prix; et si les ministres de nos finances depuis douze ans, plus occupés de leurs fortunes particulières que de nos intérêts généraux, avaient étudié les institutions financières de l'Angleterre, pour les nationaliser chez nous, nous pourrions maintenant, non-seulement nous passer des capitaux étrangers, mais nous pourrions encore en prêter à nos voisins les Espagnols, et les mettre hors de la tutelle des banquiers, qui prétendent s'arroger le droit de leur imposer des conditions plus en rapport avec la politique qu'avec la finance.

En vain, par cette citation, voudrait-on nous persuader que l'assistance des capitaux étrangers est peu nationale; le numéraire n'a pas de patrie; il appartient à tous les pays qui, par des échanges, en ont besoin, et à ceux qui, n'ayant pas des échanges à faire, l'achètent en payant une rente pour cet échange. Les courtiers de ces échanges sont des banquiers qui adoptent pour patrie le pays qui leur procure le débouché de leur marchandise; ceux qui l'achètent n'ont d'autres soins à avoir que de payer le courtage le moins cher possible; et il est probable que 6 pour 100 une fois payés à titre de prime, pour une somme qu'on peut évaluer approximativement à six cent millions, ne serait pas trop considérable , particulièrement si on considère que les rentes pouvant s'élever à 80 f., elles peuvent aussi se vendre moins de 75 fr., auquel cas les banquiers éprouveraient une perte plus considérable que la prime que le gouvernement leur accorde.

Pourquoi, pour paraître juste envers les créanciers, leur donner une augmentation de 33 pour 100?

Ce n'est sûrement pas pour paraître juste qu'on a consenti à ces conditions, mais bien seulement comme un moyen stimulatif de crédit; il serait assez inutile *de paraître juste* quand vous nous avez *accordé le droit légal de remboursement,* et que conséquemment la justice de la mesure est incontestée.

En réduisant l'intérêt de la rente à 4 pour 100, en augmentant le capital de 33 pour 100, on a en quelque sorte assimilé la rente à la propriété foncière, la première comme la dernière pouvant augmenter annuellement par l'accumulation d'intérêts annuels. Et en effet, quoique cette augmentation de capital soit fictive et nominale pour le gouvernement, elle n'est pas moins un avantage réel et positif pour le rentier ; car ce dernier, par la hausse successive des rentes jusqu'au pair, fùt-il produit en trente années, récupérerait tous les cinquièmes qui lui auraient été retenus pendant le même nombre d'années, espérance qu'on ne pourrait avoir, si en ne fixant pas une prime de 33 pour 100, le gouvernement conservait la possibilité d'opérer une nouvelle réduction sur la rente, en offrant de nouveau le remboursement. Ce n'est donc pas pour conserver *une apparence de justice* qu'on a créé *des 3 pour* 100 *à* 75 *au capital de* 100 *francs,* mais bien pour décider les rentiers à rester créanciers du gouvernement par l'espérance de l'accroissement du capital.

Tous les auteurs qui ont écrit sur l'économie politique ont reconnu que les plus mauvais systèmes d'emprunts étaient ceux qui s'établissaient sur le taux de l'intérêt le plus bas, parce qu'on n'obtenait qu'un capital correspondant en se reconnaissant débiteur d'un capital plus élevé.

C'est ainsi qu'avec des citations qui ne peuvent avoir aucun rapport avec la mesure que nous discutons, on arriverait cependant à démontrer à la masse ignorante que ce système est contraire aux générations futures.

Il est bon d'observer que nous ne créons pas des rentes, mais que nous les réduisons. Hors, il n'est entré dans l'esprit d'aucun économiste de condamner ces sortes de réductions, et encore moins dans l'esprit de ceux qu'il plaît à l'ex-ministre de citer. C'est par ce motif, qui tombe sous le sens le plus commun, que je ne pousserai pas plus loin la démonstration pour prouver la nullité de ces citations.

Nous voici donc enfin arrivés au dernier point de la question, celui de l'amortissement.

Il est un fait constant que je ne veux point nier, c'est qu'en augmentant nominalement la dette on éloigne le terme de son amortissement. Mais il est constant aussi qu'en 1826 l'impôt foncier, ou tel autre, pourra être diminué d'une somme égale à la réduction, c'est-à-dire de 28 millions. Ainsi, il n'y a pas le moindre doute que les contribuables n'aient acquis un bénéfice de 28 millions.

Quant à l'amortissement de la dette, *il sera prolongé;* mais c'est en cela positivement qu'on doit reconnaître toute l'habileté de la mesure; car quoique le fond d'amortissement ne soit plus dans la même proportion que le capital au moment présent, le crédit, loin d'être altéré, est élevé à un capital représentant 125 fr. Ainsi donc vous léguez aux générations futures la partie des charges dont vous allégez la génération présente, et on le fait sans rien changer au système intégral d'amortissement.

Maintenant il serait peut-être convenable d'expliquer pourquoi l'augmentation nominale d'un milliard n'est que fictive, ce qui détruira toutes les objections dont on fait le grand champ de bataille pour attaquer la loi.

1°. Le gouvernement ne peut ni ne doit vouloir éteindre sa dette (1).

2°. Le fonds d'amortissement ne doit être considéré que comme un moyen de procurer aux rentiers la facilité de retirer leurs capitaux quand ils le désirent, à un taux plus élevé que celui de la création de leur rente.

3°. Il est destiné à maintenir l'équilibre entre les rentiers qui ont journellement besoin de vendre, et ceux qui ont la volonté d'acquérir.

4°. Ce n'est point parce que le capital de la dette est de telle ou telle somme, que le crédit public est à telle ou telle hauteur; mais seulement parce que le budget d'un milliard prouve aux rentiers qu'ils seront payés bien exactement de leurs annuités, et que par une caisse d'amortissement richement dotée, les rentiers ont la certitude que tous les jours ils peuvent retirer leurs capitaux quand leurs besoins l'exigent.

C'est bien là seulement le mobile du crédit; ainsi reconnaissez donc un fait que vous ne sauriez contester : c'est que pour ne pas écraser d'impôts la génération présente, vous êtes dans la nécessité de créer annuellement des rentes pour une somme égale au moins à votre amortissement, et qu'en ce cas, il résulte bien évidemment que cette mesure n'est qu'une fiction d'amortissement; ainsi donc, si vous conservez ou voulez conserver votre dette, l'inscription nominale d'un tiers en sus n'entraîne après elle aucune conséquence.

Mais, dites-vous, on amortira à un taux supérieur à celui de 75 fr., prix de la création, et toute la différence sera en perte pour la caisse d'amortissement. Il ne peut y avoir ni perte ni gain. Je suppose que dans une année vous ayez racheté de vos rentes à 85 fr., pour une somme de 4 millions. Si dans la même année le trésor a vendu une quantité égale de rentes que la caisse en aura acheté, le trésor ayant fait cette opération dans la proportion du prix auquel se sera élevée la rente, il y aura donc parité entre les deux opérations; il n'y aura donc que fiction d'amortissement sans aucune perte par la différence du prix d'achat (2). Mais, diront encore les bonnes femmes qui se croyent des hommes d'Etat, nous aurons donc toujours une dette ? On pourra leur répondre *affirmativement* ; et pour les tranquilliser , leur apprendre que les Anglais en ont une de dix-huit milliards, qui ne les empêche pas d'être la nation la plus riche, la plus commerçante de l'Europe, et qu'ils conçoivent si bien la nécessité de ne point diminuer trop rapidement leur dette, que leur amortissement est très faible, attendu qu'ils craindraient qu'une diminution de la dette devînt dangereuse à leur prospérité présente et future.

Quant à ces tableaux d'amortissement en un nombre d'années déterminé que nous présente M. Roy, nous n'en contesterons pas la justesse ; ils prouvent qu'il sait fort bien faire une addition par des intérêts composés, *mais rien de plus* ; ils prouvent aussi qu'il a oublié que si la caisse d'amortissement achète à 85 fr., les 10 fr. qu'elle dépense de plus que les 75 fr. du prix de l'émission, en les prenant même sur la retenue du cinquième faite aux rentiers, il en résulte encore un grand bénéfice annuel pour le trésor ; mais attendu que nous n'avons rien changé à l'amortissement, il résulte bien positivement, ainsi que je l'ai déjà observé, que cet amortissement sera retardé jusqu'à la consommation des siècles ; mais qu'en attendant, les impôts seront diminués de 28 millions.

Il est impossible d'évaluer les pertes des capitaux que ces causes réunies nous feront éprouver. Si M. l'ex-Ministre calcule ces pertes par les effets de l'agiotage, *dont il reconnaît la nécessité*, nous lui répondrons, que de telle façon et de quelque système qu'il use avec un crédit public, l'agiotage sera le même. Nous lui observerons cependant que le système en discussion porte avec lui un palliatif à des secousses trop rapides ; car les banquiers chargés de l'opération auront un intérêt à la soutenir au-dessus de 75 fr., tandis que la diminution des intérêts au-dessous de 4 pour 0/0, par cela même que les 75 s'élèveront, contre-balanceront par des ventes successives la trop grande intensité de la hausse : ainsi les choses n'en iront ni mieux ni plus mal.

Comme M. Roy, *je gémis de cet appel aux passions et aux intérêts particuliers, par lesquels on met en opposition les propriétaires et les rentiers.* Et en effet, il serait bien temps que les uns et les autres fussent soumis aux mêmes charges. Il serait juste que les premiers fussent un peu dégrevés, tandis que les autres prendraient une petite part des impôts. C'est le but que le nouveau système atteint indirectement ; c'est en cela que tout propriétaire, manufacturier, et même les marchands, doivent approuver cette mesure, qui tend à leur alléger la partie des impôts qui les frappent, en leur procurant en même temps de l'argent à un taux plus bas.

Le titre de la rente est aussi sacré que celui de la terre. C'est encore l'ex-ministre qui parle. Mais en quoi la mesure projetée détruit-elle le droit sacré du propriétaire de rentes ? Je me dispenserai de répondre à cette dernière contradiction, autrement qu'en rappelant que M. Roi a reconnu *qu'on avait le droit de remboursement.* Et pour nous prouver toute son impartialité, il en a développé tous les motifs mieux que n'aurait pu le faire le plus fort partisan de la réduction de la rente : tant il est vrai qu'il faut peu d'efforts pour prouver un principe juste ; tandis qu'il faut torturer son esprit en cent façons pour soutenir le contraire.

Je me plais à rendre justice à sa Seigneurie pour cette partie de son discours, parce qu'elle a été pour moi un grand dédommagement de la tâche pénible que je me suis imposée pour mettre dans tout son jour ce que le reste de son contenu renfermait de contradictions et de déceptions écrites avec tout l'art et l'astuce d'un ancien praticien.

NOTES.

(1) Des auteurs, et notamment Pinto, dans son Traité de *la Circulation et du Crédit,* représentent les fonds publics des États, et particulièrement de l'Angleterre, comme l'accumulation d'un grand capital ajouté aux autres, au moyen duquel son commerce a acquis une nouvelle extension, ses manufactures se sont multipliées, et ses terres ont été cultivées beaucoup au-de-là de ce qu'elles l'eussent été au moyen de ces autres capitaux seulement.

(2) Un fonds d'amortissement, quoique institué pour payer des dettes anciennes, facilite extrêmement les moyens d'en contracter de nouvelles.

(*Richesse des Nations,* ADAM SMITH, liv. 4, page. 482).